LES TRUCS REPOUSSANTS ET DÉGOÛTANTS DANS TON CORPS

Un livre de la collection
Les branches de Crabtree

Julie K. Lundgren

 CRABTREE

T0019751

Soutien de l'école à la maison pour les parents, les gardiens et les enseignants

Ce livre très intéressant est conçu pour motiver les élèves en difficulté d'apprentissage grâce à des sujets captivants, tout en améliorant leur fluidité, leur vocabulaire et leur intérêt pour la lecture. Voici quelques questions et activités pour aider le lecteur ou la lectrice à développer ses capacités de compréhension.

Avant la lecture

- *De quoi ce livre parle-t-il?*
- *Qu'est-ce que je sais sur ce sujet?*
- *Qu'est-ce que je veux apprendre sur ce sujet?*
- *Pourquoi je lis ce livre?*

Pendant la lecture

- *Je me demande pourquoi...*
- *Je suis curieux de savoir...*
- *En quoi est-ce semblable à quelque chose que je sais déjà?*
- *Qu'est-ce que j'ai appris jusqu'à présent?*

Après la lecture

- *Qu'est-ce que l'autrice veut m'apprendre?*
- *Nomme quelques détails.*
- *Comment les photographies et les légendes m'aident-elles à mieux comprendre?*
- *Lis le livre à nouveau et cherche les mots de vocabulaire.*
- *Ai-je d'autres questions?*

Activités complémentaires

- *Quelle est ta section préférée de ce livre? Rédige un paragraphe à ce sujet.*
- *Fais un dessin représentant l'information que tu as préférée dans ce livre.*

TABLE DES MATIÈRES

Tu es dégoûtant, mais c'est
très bien comme ça!..................................4

La morve, la cire d'oreille,
la salive et plus encore................................8

Des envahisseurs dans notre corps.......14

Encore des combats dans
notre corps...22

Glossaire.................................30

Index...................................31

Sites Web à consulter..................31

À propos de l'autrice 32

TU ES DÉGOÛTANT, MAIS C'EST TRÈS BIEN COMME ÇA!

Le corps humain, un étonnant contenant de vie, est un monde merveilleux de choses infectes et dégoûtantes.

CIL

0,1-0,3 mm

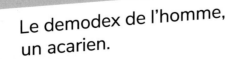

Le demodex de l'homme, un acarien.

Une population d'acariens vit sur ton visage, se nourrissant tranquillement de cellules de peau mortes.

Tu as déjà changé une couche qui déborde? Pour de si petites personnes, les bébés peuvent sentir vraiment fort.

Tu n'es jamais seul

Notre corps est l'hôte de bactéries, de champignons, d'acariens et d'autres formes de vie invisibles sans un microscope. Plus de 60 types de bactéries vivent dans notre nombril!

Nomme une partie du corps et nous pouvons en dire quelque chose de repoussant. De la tête aux pieds, c'est un vrai film d'horreur!

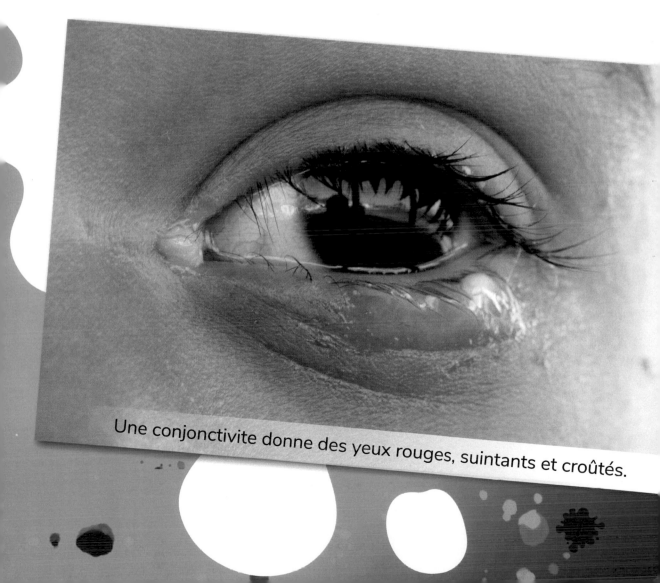

Une conjonctivite donne des yeux rouges, suintants et croûtés.

LA MORVE, LA CIRE D'OREILLE, LA SALIVE ET PLUS ENCORE

Notre corps produit des trucs dégoûtants. La morve et les crottes de nez sont le résultat de notre **mucus** qui nettoie les saletés, les cellules mortes, le **pollen** et d'autres particules indésirables pour nos poumons et nos voies respiratoires.

Mets tout ça dans un mouchoir!

Le puissant mucus!
Le mucus aide
aussi à tuer les
bactéries. La salive
et la morve ont des
superpouvoirs!

Ne crains pas la cire d'oreille. Comme le mucus, elle t'aide à te débarrasser des saletés et des cellules mortes. Les bactéries aiment les endroits humides et sombres comme les oreilles. La cire d'oreille aide à garder nos oreilles en santé.

La cire d'oreille contient de l'huile, de la sueur et des peaux mortes.

STRUCTURE DE LA PEAU
couches et cellules

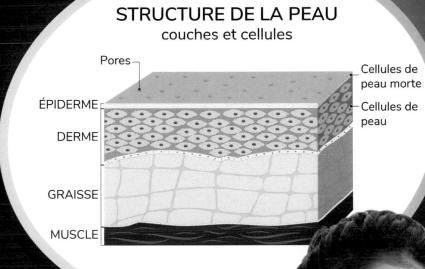

Pores

Cellules de peau morte

Cellules de peau

ÉPIDERME

DERME

GRAISSE

MUSCLE

De petits flocons?
Nous perdons des milliers de cellules de peau morte par minute. Un adulte peut en perdre jusqu'à 9 livres (4 kg) par année, c'est le poids d'un petit chat!

As-tu des croûtes sur les yeux quand tu te réveilles? Les larmes séchées et la poussière forment des crottes d'yeux quand nos yeux font le ménage pendant notre sommeil.

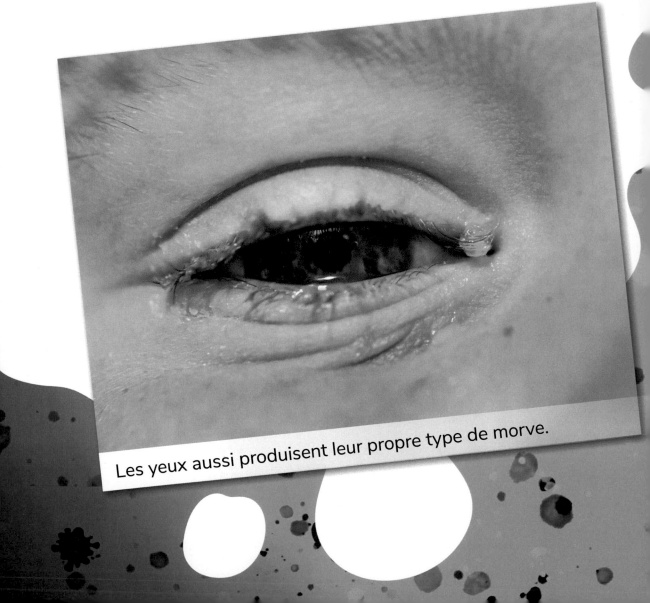

Les yeux aussi produisent leur propre type de morve.

Les boutons

Tout le monde a des boutons, en particulier les adolescents et les jeunes adultes. Ces petites poches de pus sont le résultat d'une légère infection de la peau.

Gravité de l'acné

Comédons   Points blancs   Papules et pustules   Kystes et nodules

Légère →————————————→ Grave

DES ENVAHISSEURS DANS NOTRE CORPS

Parfois, des bactéries nocives, des parasites et d'autres petites créatures attaquent notre corps. Les poux s'installent confortablement sur notre cuir chevelu bien chaud pour boire notre sang et pondre des œufs. Si seulement nous n'étions pas si savoureux!

De près, les poux ressemblent à des extra-terrestres.

Si tu a des poux, ne panique pas. Il suffit d'un shampoing spécial et d'un peigne pour te débarrasser de ces invités indésirables.

Les verrues aussi aiment la planète Humain! Ce sont des virus qui causent les verrues, pas les crapauds. Les virus entrent sous notre peau par une égratignure et forment une petite bosse de peaux mortes.

Les verrues peuvent être lisses ou bosselées, avec ou sans poils.

Les verrues apparaissent le plus souvent sur les mains et les pieds, mais une coupure peut entraîner une verrue sur le visage ou la jambe.

Des champignons qui se trouvent dans les vestiaires, les douches et autour des piscines peuvent causer le pied d'athlète. Cette infection qui démange est une éruption de la peau qui devient rouge et s'écaille, principalement sur les pieds et entre les orteils.

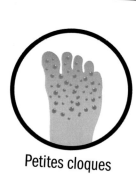

Porte des sandales dans le vestiaire pour éviter de champignon de pied.

SYMPTÔMES

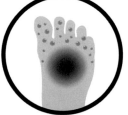

Petites cloques

Démangeaison avec enflure et inflammation

Démangeaison et douleur entre les orteils

Quand ce champignon attaque d'autres parties du corps, on l'appelle dermatophytose.

Lave tes pieds

Évite

Nettoie les plaies

Quand nous mangeons des aliments qui contiennent des bactéries nocives, nous sommes malades. Les aliments qui restent à l'air libre trop longtemps, les restes de repas trop vieux ou les fruits et légumes contaminés peuvent causer de la **diarrhée** et des vomissements pendant des heures.

La diarrhée et le vomi aident le corps à se débarrasser des bactéries nocives qui causent l'empoisonnement alimentaire.

Le virus de la gastro

Le norovirus se propage rapidement par les aliments et les boissons et par les autres personnes malades. La diarrhée, les vomissements et les crampes d'estomac rendent la vie misérable pendant quelques jours.

Surnoms

La diarrhée a beaucoup d'autres noms. As-tu déjà entendu ceux-ci?

- le va-vite
- le flu
- la fouère
- la coulante

ENCORE DES COMBATS DANS NOTRE CORPS

Notre corps se défend constamment contre les maladies. Dans notre bouche, notre salive se bat contre les bactéries qui causent la carie dentaire et les levures qui causent le **muguet.**

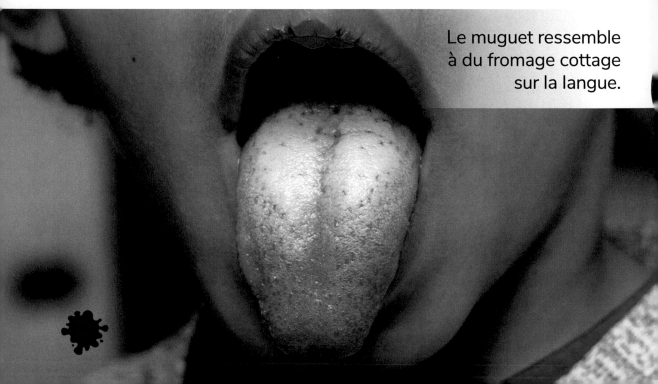

Le muguet ressemble à du fromage cottage sur la langue.

Pas de dents gâtées!
Les bactéries et les aliments laissent des dépôts de plaque dentaire sur nos dents. La plaque dentaire ronge la surface dure des dents, ce qui cause les caries.

Le rhume peut mener à une otite douloureuse. Du **fluide** infecté s'accumule derrière le tympan, ce qui cause de la douleur et assourdit le son.

Parfois, le tympan se déchire ou éclate et du pus terriblement puant s'en écoule.

OTITE EXTERNE

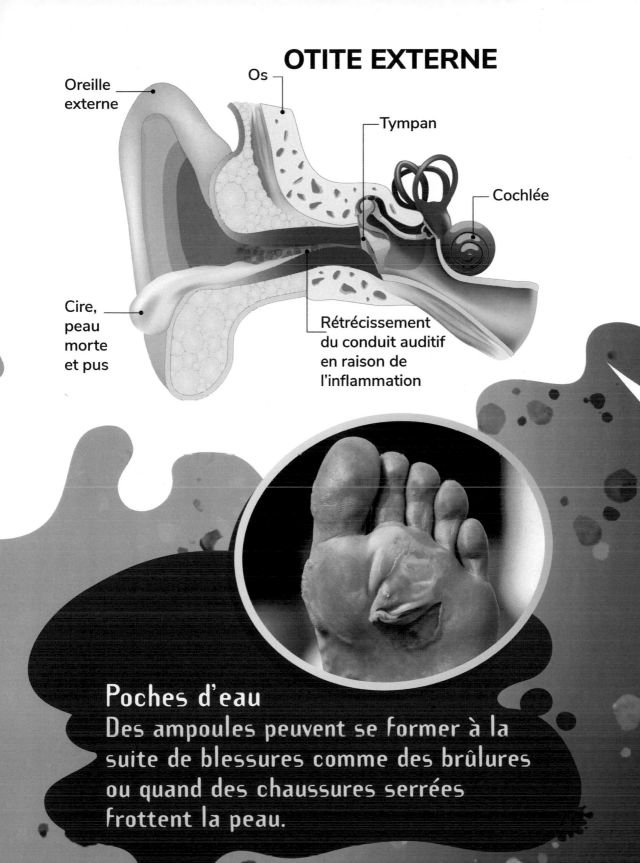

Oreille externe

Os

Tympan

Cochlée

Cire, peau morte et pus

Rétrécissement du conduit auditif en raison de l'inflammation

Poches d'eau
Des ampoules peuvent se former à la suite de blessures comme des brûlures ou quand des chaussures serrées frottent la peau.

Les **plaies** et autres blessures peuvent aussi s'infecter. Du pus et des fluides s'en écoulent. Des tumeurs peuvent aussi pousser et se propager. Certaines sont inoffensives, alors que d'autres nécessitent des traitements pour cesser leur progression.

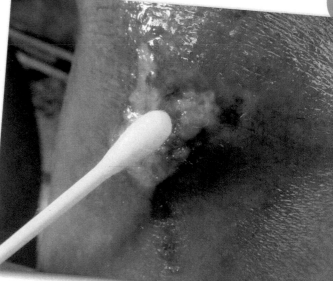

Certaines tumeurs peuvent avoir des cheveux et des dents!

Extrêmement dégoûtant

Une mauvaise circulation sanguine dans des zones endommagées et infectées peut causer la gangrène. Les orteils en particulier peuvent devenir noirs et mourir. Si elle n'est pas arrêtée, la gangrène peut entraîner la mort après la propagation de l'infection.

Souviens-toi bien de la morve, de la salive, des croûtes aux yeux et de la cire d'oreille, l'équipe de nettoyage du corps!

Laisse travailler ton corps
Les croûtes aident les blessures à guérir. Gratter les croûtes peut entraîner une infection ou des cicatrices.

Prends soin de ton corps. Chaque jour, il se bat pour te garder propre, en santé et à ton meilleur.

GLOSSAIRE

bactéries (bak-té-ri) : Micro-organismes vivants qui décomposent les aliments et qui peuvent rendre malade

diarrhée (di-a-ré) : Selles molles, aqueuses ou visqueuses

fluide (fluid) : Liquide ou substance qui s'écoule facilement

gangrène (gan-graine) : Mort de parties du corps ou de tissus corporels causée par une mauvaise circulation sanguine ou une infection

mucus (mu-kuss) : Un fluide visqueux produit par les tissus corporels des poumons jusqu'au nez pour les nettoyer et se défendre

muguet (mu-guè) : Une infection buccale courante causée par un certain type de levure

plaies (plè) : Blessure ouverte, comme une coupure ou une égratignure

plaque dentaire (plak dan-tère) : Mélange mou ou dur de nourriture, de salive et de bactéries qui se forme sur les dents et cause la carie

pollen (po-laine) : Minuscules grains relâchés dans l'air par les plantes dans le cadre de la reproduction

pus (pu) : Fluide produit par le corps en réponse à une blessure infectée

INDEX

acarien(s)   4, 5, 6

bactéries   6, 9, 10, 14, 20, 22, 23

blessure   25, 26, 28

champignon(s)   6, 18, 19

diarrhée   20, 21

gangrène   27

infection(s)   13, 18, 27, 28

levures   22

morve   8, 9, 12, 28

mucus   8, 9, 10

oreille(s)   8, 10, 25, 28

peau(x)   5, 10, 11, 13, 16, 18, 25

poux   14, 15

salive   8, 9, 22, 28

verrues   16, 17

vomissements   20, 21

yeux   7, 12, 28

SITES WEB À CONSULTER

www.ducksters.com/science/bacteria.php

https://kidshealth.org/en/kids/center/htbw-main-page.html

www.konnecthq.com/human-body

À PROPOS DE L'AUTRICE

Julie K. Lundgren

Julie K. Lundgren a grandi sur la rive nord du lac Supérieur, un endroit qui regorge de bois, d'eau et d'aventures. Elle adore les abeilles, les libellules, les vieux arbres et la science. Elle a une place spéciale dans son cœur pour les animaux dégoûtants et intéressants. Ses intérêts l'ont menée vers un diplôme en biologie et une curiosité sans bornes pour les lieux sauvages.

Production : Blue Door Education pour Crabtree Publishing
Autrice : Julie K. Lundgren
Conception : Jennifer Dydyk
Révision : Tracy Nelson Maurer
Correctrice : Crystal Sikkens
Traduction : Annie Evearts
Coordinatrice à l'impression : Katherine Berti

Photo de la couverture © sumroeng chinnapan/ Shutterstock.com, éclaboussure sur la couverture et dans le livre © SpicyTruffel p. 4 (illustration) © visona29 (photo) © Kalcutta p. 5 (photo du haut) © Yuliya Shauerman (illustration dans le cercle et fille)I © Igdeeva Alena (photo du bas) © vchal (illustration de bébé) © Adrian Isaia p. 6 (grande photo) © Kateryna Kon (petite photo) © Bokeh Blur Background p. 7 © sruilk p. 8 © diy13 p. 9 (photo) © Zapylaieva Hanna (illustration) © Top Vector Studio p. 10 (haut) © Lightspring (centre) © Andrii Spy_k Richokphoto p. 11 (photo) © all_about_people (illustration) © Designua p. 12 © ElRoi p. 13 (haut) © Bencemor (bas) © solar22 p. 14 (poux) © Protasov AN magnifying (loupe) © Romolo Tavani p. 15 (photo) © Lapina lice © Refluo boy (illustrations) © bego p. 16 © Henrik Larsson p. 17 © Designua p. 18-19 (bactéries) © Kateryna Kon (photo du pied) © Miroslav Lukic (illustrations) © Love You Stock (photo de dermatophytose) © Photo Win1 p. 20-21 (dessins humoristiques de bactéries) © Natykach Nataliia (fillette) © Daisy Daisy (intestins) © Kateryna Kon p. 22 © sruilk p. 23 (haut) © Lightspring (bas) © Giovanni Cancemi p. 24 © weakiva p. 25 (haut) © Designua (bas) © Ron Hoenson p. 26 (tumeur avec cheveux) public domain image by Ed Uthman, MD, (plaie) © AppleDK hand © DaViDa S p. 27 © Duangnapa Kanchanasakun. p. 28 (haut) © Bernardo Emanuelle (bas) © Cheryl Casey p. 29 © Versta. outes les images proviennent de Shutterstock.com sauf la photo de tumeur à la p. 26.

Crabtree Publishing Company

www.crabtreebooks.com   1-800-387-7650

Publié aux États-Unis
Crabtree Publishing
347 Fifth Avenue
Suite 1402-145
New York, NY, 10016

Publié au Canada
Crabtree Publishing
616 Welland Ave.
St. Catharines, Ontario
L2M 5V6

Imprimé au Canada/112021/CPC

Catalogage avant publication de Bibliothèque et Archives Canada

Titre: Les trucs repoussants et dégoûtants dans ton corps / Julie K. Lundgren.
Autres titres: Gross and disgusting stuff in your body. Français.
Noms: Lundgren, Julie K., auteur.
Description: Mention de collection: Les choses repoussantes et dégoûtantes | Les branches de Crabtree | Traduction de : Gross and disgusting stuff in your body. | Traduction : Annie Evearts. | Comprend un index.
Identifiants: Canadiana (livre imprimé) 2021035951X | Canadiana (livre numérique) 20210359544 | ISBN 9781039603202 (couverture souple) | ISBN 9781039603264 (HTML) | ISBN 9781039603325 (EPUB)
Vedettes-matière: RVM: Corps humain—Ouvrages pour la jeunesse. | RVM: Corps humain—Miscellanées—Ouvrages pour la jeunesse. | RVMGF: Documents pour la jeunesse.
Classification: LCC QP37 .L8614 2022 | CDD j612—dc23